혼자된 시간의 자유

혼자된 시간의 자유

이진숙의 영혼으로 만나는 시

모아북스
MOABOOKS

Copyright ⓒ 2006 by 이진숙
이 책은 저작권법에 따라 보호를 받는 저작물이므로 저자와 출판사의 동의없이는
어떠한 형태로든 사용하실 수 없으며 무단 전재 및 무단 복제를 금합니다.

혼자된 시간의 자유 - 이진숙의 영혼으로 만나는 시

1판 1쇄 인쇄 2006년 9월 5일
1판 2쇄 발행 2006년 11월 17일

지은이 · 가람·이진숙
발행인 · 이용길
발행처 · 도서출판 모아북스
관리 · 윤재현
영업마케팅 · 권계식
본문 디자인 · 이룸

출판등록번호 · 제10-1857호
등록일자 · 1999.11.15
등록된 곳 · 경기도 고양시 일산구 백석동 1332-1 레이크하임 404호
대표 전화 · 0505-6279-784
영업 기획 · 0505-6242-016
팩스 · 0502-7017-017
독자서비스 · moabooks@hanmail.net
ISBN 89-90539-44-7 03810
값 7,000원

· 좋은 책은 좋은 독자가 만듭니다.
   모아북스는 독자 여러분의 의견에 항상 귀를 기울이고 있습니다.
   www.moabooks.com
· 저자와의 협의 하에 인지를 붙이지 않습니다.
· 잘못 만들어진 책은 구입하신 서점이나 본사로 연락하시면 교환해 드립니다.

흘러간 시간이 지워지 기만 내버려 두지 않아서 많은 시간을 괴로워 했다.

_____님께

드립니다

작가의 말

　세월은 시처럼 흐르고, 아름다움도, 삶도, 시처럼 흘러간다.
　나의 조그만 흔적이, 시를 대하는 분들에게 용기와 사랑의 위안이 되고, 신선한 카타르시스가 되기를 희망하며 한권의 시집을 상재 합니다.
　나이의 계절이 쌓이고 많은 시들을 접할 때 마다 슬프고 감성에만 호소하는 시는 당장의 공감은 얻을 수 있지만, 결코 나와 독자들의 삶에 도움이 될 수 없다는 것을 알고 부터는 한동안 절필을 했으며, 지금도 기분이 안좋을 때나 몸이 피곤할 때는 좋은 느낌이 떠 올라도 시를 잘 쓰지 않습니다.
　더불어 사는 세상, 시를 읽는 아름다움은 행복이어야 하니까요.
　그럼에도 시집을 위한 시들을 고르면서 부정적인 시들을 발견 하였을 때, 만감을 표출하는 인간의 희노애락은 어쩔수 없나 봅니다.
　삶이 그리워 시를 쓰고, 갈매기 숲 같은 세상의 바다

에 혼자된 시간의 자유를 찾아봅니다. 꽃이 되는 한송이 시를 읽으며 삶의 무게를 달래고, 생각을 열어 정을 짖고, 참 사랑으로 행복을 짖고, 나눠도 될 마음을 가지고 시를 씁니다.

  삶이 각박해 질수록 그리움이 현실이 되고 현실이 추억의 그리움으로 남는 삶의 시들을 독자님들과 나누고자 합니다.

  첫 시집이기에 감수성이 예민했던 나이에 쓴 시들도 여러편 포함 시켰으며, 보다 더 정진하고 글을 잘 쓰기 위해 발가벗은 부끄러운 마음으로 한편의 시집을 냅니다. 가야할 길이 멀기에 선배님들의 지도와 편달을 당부드리며, 독자님들께도 심심한 충고와 함께 잔잔한 공감대를 기대 해 봅니다.

  대금을 불고 또 곡을 쓰는 사람으로서, 저의 많은 시들이 우리의소리 대금곡으로 되살아 날 것이며, 주옥 같은 선율에 깊은 아름다움으로 어울리는 날을 기대합니다.

  시집이 나오기까지 도움을 주신 많은 분들과 시평을 써 주신 구인환 교수님께 깊은 감사를 드립니다.

                              가람 - 이진숙

이진숙의 시에 대하여

-그의 시집 〈혼자된 시간의 자유〉는 자유속에 사랑으로 행복을 찾고 이웃과 나누려는 사회의식을 은유와 상징의 예술적 기법으로 형상화한 문학성이 돋보이며 읽는 묘미에 빠져들게 하고 있다.

　　구 인환 - 서울대 명예교수, 문학과문학교육연구소 소장

-그의 시는 바다를 향해 돌진하는 물줄기처럼 거침없다.

　서정과 서경, 시사와 풍자를 아우르는, 그의 시 세계에서 유영하는 사상들은 그 만큼 폭넓고 자유롭다.

　　　　　　　　　　　　　　　　김 시림 - 시인

-깊은 산중 저 홀로 피어나는 바위솔 꽃과도 같은 시어들의 메아리와 청아한 하늘빛 내면의 자아를 표출하는 그의 시들은 일상에 지친 영혼을 위로하고 맑은 공기같은 역할을 한다고 볼 수 있다.

방 희주 - 뉴스매거진 기획취재부장

-그의 시는 청년같은 감성이 살아있고 힘이 있으며 진취적이다.

바쁜 와중에 이렇게 다양한 시를 쓴다는게 대단하며 젓대소리로 재 표현되기를 기대한다

윤 병천 - 국립국악원 악장

차 례

작가의 말 _ 6
이진숙의 시에 대하여 _ 8

(자유롭게 날으는 비상을 꿈꾸다)

하나_ 갈매기 숲 영혼

21세기 _ 14
갈매기 숲 영혼 _ 15
고별 _ 17
과거 _ 19
기대 _ 20
녹슨 철모 _ 22
담배 1 _ 24
담배 2 _ 25
담배 3 _ 27
담배 4 _ 28
담배 5 _ 29
담배 6 _ 30
담배 7 _ 31
담배 8 _ 33
담배 9 _ 35
담배 10 _ 36
담배 11 _ 38
도시의 가슴 _ 39
독도 _ 41
독백 _ 43
말 _ 46
모산 육필시 공원 _ 47
무학의 마음 _ 49
삶의 노래 _ 52
삶의 종착역 _ 53
슬픔의 분재 _ 55
실업자 _ 57
욕심 _ 58
육각 예찬 _ 59
일일 노동 _ 61
자본주의 _ 63
코펜하겐 _ 64
홍시 _ 65

> 다가서면 사라지는 눈부신 신기루

둘_ 무욕의 그리움

가을 낙조 _ 68
가을날의 단상 _ 69
그냥 _ 71
꽃 _ 72
나목 _ 73
다탁과 벗 _ 74
만추월향 _ 76
무상초 _ 77
무욕의 그리움 _ 78
별 _ 79
봄 _ 80
상사화 영혼 _ 81
석화 _ 83
스카이 라운지에서 _ 84
시와 대금 _ 85
썰물처럼 살자 _ 86
아라리 연가 _ 88
이름다운 영혼 _ 89
아픔섞인 그리움 _ 90
애상 _ 91
어느 삶 _ 93
연필 _ 95
연꽃 연정 _ 96
외로움과 고독 _ 97
창밖에는 비 _ 99
추우 _ 100
춘향골의 메아리 _ 101
치악산 너울 _ 102
푸르른 날 _ 104
화왕산에서 _ 106
황혼 _ 107
회상 _ 108

오직 하나로 사라지는 날까지

셋 _ 생의 한 가운데

감정에 따라 _ 110
그래서 인생 _ 111
기러기 아빠 _ 112
내일을 위하여 _ 113
눈꽃핀 소망 _ 115
달님과 벗 _ 117
당신 _ 118
대천 바닷살 _ 119
몸과 마음 _ 121
무정 _ 122
무책임한 지식 _ 124
복스러운 미모 _ 126
부부의 얼굴 _ 127
사랑 _ 128
사람과 사람 _ 129
생의 한 가운데 _ 131
시와 시인 _ 133
울며나는 갈매기 _ 136
월하 삼매경 _ 137
지음회의 청소리 _ 138
천상지애 _ 140
첫 키스 _ 141
친구에게 _ 142
칼로 물베기 _ 144
큰 애기 _ 145
하늘과의 독대 _ 146
행복의 태양 _ 147
서울의 오아시스 _ 149

평설 _ 151
언론 서평 _ 166
인터뷰 _ 172

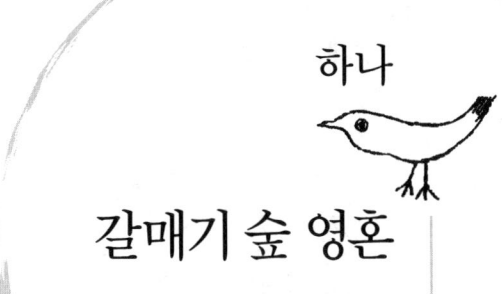

하나

갈매기 숲 영혼

사랑을 훔쳐먹고

삶의 희망을 찾아

고뇌하는 날개짓

영혼과 씨름을 한다

21세기

정신아!
깨어 있어라
소용돌이 치는
급류의 세상이다
잠을 자면서도
눈을 뜨고 있는 물고기
맞서 싸우는
냉철한 지성

담금질 된
무쇠의 눈으로
세상을 보라
영혼이
말라버리는 시대가 온다
정신아!
순수를 안고
깨어 있어라

갈매기 숲 영혼

잉태의 축복
세상의 미아로 태어나
갈매기 숲에 던져졌다

높이 날고
더 멀리 날아
바다를 건너고
구름을 타고 날아 다녔다

사랑을 훔쳐먹고
삶의 희망을 찾아
고뇌하는 날개짓
영혼과 씨름을 한다

비바람 눈보라에도
혼신의 홰를 치며
세상을 품고

정을 다듬어 온 길목
하늘에 비상의 꿈 하나 심는다

날아야 하는 이유
잠제비짓 해야 하는 세상의 바다에
몸둥이 하나 달랑 던져
소망을 미끼로 피안의 삶을 갈구하는
갈매기 숲 영혼

잠제비짓: 물새들이 먹이를 찾아 물속으로 들어갔다 나왔다 하는 행동

고 별

아름다움은 아름다움일 때
참으로 아름답습니다
욕심이 많다는건 애착이 많다는 것이고
사랑한다는 뜻이겠지요
항상 곁에 붙들어두고 싶겠지만
연민의 지고지순함은
그리움이되어 남겠지요
이상과 현실이 부합되는 세계를
유토피아 라고 한다지요
유토피아는 유토피아이며
아름다움은 아름다움이기에
우리는 현실의 아름다움을 찾고
이상과 현실이 하나이길 바라며
오늘의 아름다움을 열정으로 태우나 봐요

어제의 아름다움은 흘러갔고
내일의 아름다움은 아직 오지않은 미래이기에
내 모습이 추해지기 전에
연민의 마음이 다 하기전에
오늘의 아름다움을 붙잡고 떠나갑니다
떠나는 것은
떠날수 있을 때 아름답습니다

과 거

사람들은 때때로
과거는 지나간 일이고
아무 쓸모가 없다고 합니다

중요한것은 현재와 미래라면서.....

한 사람을 알고자 할 때
또는 그의 친구가 되려고 할 때
우리는 그 사람의 과거를 봅니다

왜
과거는 미래를 보는 거울이니까요
현재가 쌓여 과거가 되고
과거가 쌓여 미래가 됩니다

과거는 곧 경험이요
미래를 위한 저축이 아닐까요.....

기 대

어차피 기대하지 않았다
삶은 내가 개척 해야 하기에
청탁하여 얻은 삶은 탐닉일 뿐이며
원하는 삶의 길이 아니다

기회를 부여 잡는건 행운일지 모르나
내가 준비 하지 않은 기회는
덤으로 얻은 사탕수수속의 단맛일 뿐
오래 가지도 않으며 추구 하는 인생도
보람을 위한 행복의 길도 아니다

기회는 우연이 아닌
준비하는 자를 위한 필연이다

삶에 매듭이 생길 때
매듭을 풀기위한 노력에서
새로운 느낌, 깨달음을 얻기에
벽처럼 막아서는 고난을 두려워 말자

문제는 풀리기 위해 있는 것이고
다가오는 미래는 신비요
풀어 헤쳐야 하는 매력이 있으며
아름다움은 기대하지 않은 것으로부터 오고
행복은 노력하는 자의 열매입니다

녹슨 철모

바위 능선
벼랑을 끼고
허리가 잘린 고사목
녹슨 철모를 쓰고 있다

그 아래에
길손이 세워준
이름없는 비목의 기도
영혼의 침묵을 달랜다

가슴에 흉탄을 맞고
산야의 메아리가 된 비명
누구의 목숨
누구를 위해 앗아간 죽음인가

사라져간 눈망울
흘린 핏방울의 산하
내 조국
내 민족은
슬픔의 분단으로 괴로우나

통일의 염원은
이념 논쟁
체재 유지
정치 권력의
도구로 전락 하고 있는데.....

담 배 1

하얀 옷
남실거리는 매끈한 몸
진한 당신의 키스로
온 몸이
빨갛게 물들어 간다
한 줄 연기로
흔적없이 사라져도
온 몸을 태워 바친 사랑은
오직 당신 뿐

발가벗은
뜨거움으로 달아 오른 몸
당신의 목을 휘감아
달팽이의 회오리로 녹아들고
분신의 연기
타 들어가는 열정
나 없인 살아도
당신 없인 못 살아.....

담 배 2

한모금 희뿌연 연기
심폐의 뿌리에서 하늘로 흩어지는 상념
동그란 연기 도너츠 만들 때 부터
끊었다 피우고 또 끊고...

삶의 언저리에서
시름을 함께 나누며
고뇌를 달래주던 친구

해고 당한 후 찾아온 벗
말없이 한대 내밀었더니
먼산을 바라보고
회한의 얼굴로 피우고는
끊었었다나

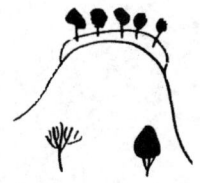

모진 삶
애환에 서린 너의 결심을 뒤엎고
나의 심정이
또 피우게 만들었구나

친구야!
술 한잔 하자
피우고 싶으면 피우고
마시고 싶으면 마시자

담배 3

미워 할래도
미워 할 수 없네요
내 마음이
진한 키스의 님을 원하고

님의 키스가
터질듯 나의 폐부를 찌르기에
미워 할래도
뜨거운 피는 멈추지 않기에

합쳐 흐르는 욕망은
정분의 불꽃으로 타 오릅니다
님의 정이
내 몸 속으로 방사되는 뜨거움을 안고.....

담 배 4

타는 아픔이 있기에
사는 아픔도 있고
시름을 달래며 타는
아름다움도 있다

부질없는 인생아
담뱃불의 열정만큼도 못한 인생아
타오르는 정념의 불꽃은 너의 것이다
타서 없어지는게 인생 아닌가

무상의 흙
재로 돌아가는 한 줄기 연기
찬란한 오로라의 황혼이 피도록
대지를 적시는 뜨거움이 되어보자

담 배 5

곽에 갇힌 너

걱정 마
내가 구출 해 줄께

하얀 그리움으로

너 없인
나도 못살아

담배 6

너를 바라보면
금새
그리움으로 물들어 버리는 나
굴뚝의 연기를 안은 너의 눈망울은
아련한 꿈결의 애수가 되고
사랑하면 할 수록
혼자가 아닌 나
고혹적인 너의 유혹에
불의 전차를 타고 금지된 불나방이 된다
방황의 끝이
어디인지도 모르며 끌려가는 나
단절 해야하는 나의 의지는
산 사태로 무너져 내리고
오늘도
가늘고 긴 것의 유혹에
발가 벗어 버린 나의 영혼

담 배 7

마음이 샘솟는 곳에
행복이 있거늘
살아 있는 영혼이 병들어 가고 있다

한낱
썩어 문들어질 육체를 위해
인간 공생의 정신은
이기주의의 치부를 드러내고
낭떨어지로 굴러 떨어지고 있다

영혼이 불타 버린 육체
심장을 꺼내서 던져 버려라
나는 불에 타서
연기로 사라져도
영혼을 팔지는 않는다
썩어 가는 영혼의 길동무가 되어

핍박으로 세뇌 되어버린 정신
근심이라도 꺼내 주어야 하지 않는가

감옥에 갇힌
인간의 본성을 일깨우고
그대의 영혼을 쉬게 하려고
육체에겐 반기를 들었으나
나는 나의 가치를 잃을 때 슬프다

살아있는 영혼을 탐닉하는 당신
당신의 의지가 꺾일 때
영혼은 도망가지 않는가

나는 신성한 그대 영혼의 동반자일 뿐
화장터의 연기로 사라져도
원망과 후회 따위는 하지 않는다
정신이 건강하지 않는 자
참 삶과 행복을 논하지 말라

담배 8

오늘도
당신이 그리워
빈 하늘을 쳐다 봅니다

가녀린 심성
하얀 옷 매무새의 자태는
당신을 사모함 입니다

나를 만나
정열의 불꽃을 당기고
하늘을 향해
싱그러운 미소를 짓는 뜨거운 영혼

구름 향기 여민의 정으로
내일의 향을 피우며 타오르는 불꽃

태우고 태워 죽여도
당신을 향한 몸부림 입니다

비록
아름답진 않지만
당신의 입술
그 뜨거움에 녹아 죽음이 되더라도
아름다운 열정으로 타는 몸
숨가쁜 무애의 연기로 피어 오릅니다

담배 9

잊으려고 한들
잊혀 지더냐
떠나려고 한들
떠나 지더냐

내가 잊혀지는게
서러운 거라면
잊고 산
세월이 서러운게야

잊으려고 해도
목에 걸려
주지 못한 정이 서러운게야
비우고
버리지 못한 이기심에
연기처럼 사라지는게 서러운게야

담 배 10

하얀 순수
가냘픈 몸매로 태어나
너는 나에게 뜨거움이 되어 주었으나
짧고도 긴 세월을
나는 너에게 하염없는 시름만 주었다

타 버린 나의 인생에
너는 동반자가 되어 주었으나
나는 불타는 너의 열정을 즐겼을 뿐
온 몸으로 타는 아픔
헤아리지도 못하는 무지의 늑대였다

피어오르는 영혼
천도제의 염원이라도 주어야 했으나

삶이 바쁘다는 핑계로
실오라기 하나 걸치지 않은 너를
그리움의 욕정으로만 태웠다

너의 뜨거움은 나의 삶이였고
청춘이 다 해 버린 지금
타면서 사라지는 너의 영혼이
타 들어가 볼품없이 변해버린
나의 인생을 닮았다

담 배 11

가지 끝에
홍시 하나
예쁜 맛일것 같아
손 내밀어 따려고 하는데
그만 땅으로 떨어졌다

낙엽 덤불에
알록 달록한 나무가지
예쁜것 같아
집들어 올렸는데
어이쿠!
뱀 이었다

마지막 남은
담배 한개피
한숨 돌려 불을 붙였는데
꺼꾸로 물었다

도시의 가슴

태초에 인간은 자연
하늘아래 푸른나무
꽃이 피고 새가 지저귄다

인간이 도시를 만들고
잃어버린 감성
쫓기듯 피곤한 도심

하늘을 보고도 느끼지 못하고
길가의 탐스러운 꽃
저 홀로 외로워 흐느낀다

여명에 동트는 하늘
텅 빈 창공을 맴돌다
잿빛 어둠으로 사라지고

따스한 미소하나 없이

정 잃은 눈길에 머물다 잠이드는 꽃
고독에 떠는 몸부림이 괴롭다

어디로 갔을까
잉태의 자연이 심어준 심성
아름다운 자화상
인정의 꽃을 피우던 가슴들은.....

독도(獨島)

독도.....
너는 홀로가 아니야
옛날 우리 조상이 너를 알고
유치원 꼬마도 너를 안다

홀로인양 서러워 마라

아름다운 금수강산
민족의 정기를 타고난
막내가 네가 아니더냐

부모는 임종의 순간에도
막내의 울음을 잊지 못한다

삼천리 방방곡곡
한맺힌 너의 애원이 메아리치는데

어느 누가 너의 방패가 되지 않으리

풍랑에 시달려 피곤한 몸
얄팍한 유혹의 손길 두려워 마라

역사를 아울러
굳건한 기상 웅지의 맥이 있는데
우국충정 성난함성 누가 막으며

파도에 부서지고 돌이되어 굴러도
우리는 하나다

독 백

이보시게 친구
무얼 그리 생각하고 있나
휑한 썰물 힘들겠지만
산다는게 다 그렇치 뭐

물때를 따라 갈매기들은 떠나고
해도 달도 서산으로 기우는 것이라네
썰물 때는 쉬엄쉬엄
술이나 한 잔 하면서 쉬어 가자구

푸르른 세월
가야 할 길은 멀어도
한줌의 씨알
가슴에 담고 기다려 보자구

항해 하는 인생에
뱃길은 무한하고
등대불은 아쉬운 것이라네

여보게 친구
인생은 누구나
세월을 밀고 당기며
떠도는 나그네 일 뿐일세

고독한 나무
홀로된 마음 외롭겠지만
그림자라도 되는
그늘이라고 생각 하게나

자 술 한잔 드시게
온 종일 세월 낚느라 힘들텐데
지난일은 그리워 질테고

미련의 아쉬움은 남는 것이라네

이렇게
너와 내가 만난 기쁨
썰물에 그냥 보낼순 없지 않은가
그저 훌훌 털어버리고 비운 마음으로
쉬엄 쉬엄 생각의 술을 들자구

그리고는
씨알을 심어야지
콩이던 팥이던 목표의 크기만큼
씨알의 꽃은 피어날 것이라네

말

말은
화자가 아니라
받아들이는 사람이 주인공이다

감언이설도
유창한 달변도
유구무언 청객의 느낌이
화자의 인품을 가늠한다

사람의 계급은
신분 고하와
돈의 유무에 있는게 아니라

내가 사용하는
언어에서 이루어 진다

모산 육필시 공원

보령을 넘어
개화산 자락에
하늘을 벌려 늘어선 시비

반세기를 뒤로하고
세월의 향기를 담아
육필을 안고 선 시인님들

김소월님 한아름
진달래 안고 반기며
박목월님 머나먼 여정
나그네 길에서 돌아온다

하늘로 간 천 시인
이 세상 소풍
아름다웠더라고 노래하고

윤동주님 하늘을 향해
한점 부끄럼없이 서 있다

살아 생전 남긴 육필
가슴에 새긴 오석의 싯귀가 되고
산야의 메아리로 돌아오는 명시
후학들의 귀감이 된다

오석의 옥으로 빛나는 명시들
가슴에서 가슴을 타고 흐르고
모산의 시비들이여!
역사의 맥을 따라
민족의 혼을 따라
천년 만년 불멸의 메아리로 흘러라

무학의 마음

솔숲 사이
암벽이 솟은 산 허리를
구름 띠가 휘돌아 감았구나

그 위에 자리를 튼 봉황
월영의 알을 품고
합포만 푸른 바다를 내려다 본다

자유의 함성
화랑의 얼을 이어
풀뿌리 민주주의를 태동한
구국의 고장 마산

평화의 피가 생기고
뼈가 자란 민족의 성지
개혁의 터전이다
가야의 기상

그 웅지를 받아
바다를 헤쳐 대양으로 나가고
산맥을 따라 용솟음의 불을 지피는
태고의 넋이 살아 숨쉰다

사통팔달
세계로 뻗어가는 산출의 요지
맑은 물 천혜의 자연을 안고
국화꽃이 만발 하구나

무학이라 이름하는
봉황의 후예들이여!
민족의 정기는 그대들의 것

자유와 평화
진리를 등에 업고
창조와 혁신을 이어 나가자

세상이 부러워 하는
삶의 안식처, 희망의 원천
용마가 비상하는 꿈은 마산의 것이다

무학의 마음하나
세상을 움직일 때 까지
웅비의 뜻을 펼쳐 나가자

무학의 정신이여!
마산의 얼이여!
역사의 숨결을 타고 길이 빛나라!

삶의 노래

노래를 잘 하고 못 하고는
중요하지 않습니다
노래를 한다는 자체가 중요하고
음악의 즐거움에 취한다는게 중요합니다

글을 잘 쓰고 못 쓰고는
중요하지 않습니다
글을 쓰면서 살고
삶을 글로써 표현하고 산다는게 중요합니다

인생 또한
잘 살고 못 사는게 중요하지 않습니다
얼마나 보람되게 살고
행복을 느끼며 사는 아름다움이 중요합니다

삶의 종착역

자본은
권력과 공생하고
권력앞에 무력한 법
애꿎은 백성을 기만한다

돈도 권력도 없는 민생
기만 당하지 않는 무형의 봉기가
행복하게 사는 것

행복이란
돈과 권력으로 살 수 없는
영생의 자산이요 삶의 꽃

길지않은 인생을
돈과 권력의 허영에 찬 사람아
돌아오지 않는 귀중한 시간이 흘러가고 있다

삶의 종착역이 다가올 때
하늘을 붙잡고 통곡을 해도
갓 태어난 아기의 행복을 따라가지 못한다

삶의 궁극적인 아름다움은 행복에 있고
행복이 가진 자존심은 돈과 권력보다 강하다

슬픔의 분재

철사로 휘어 비틀고
가지에는 돌을 메달고
찢어질듯 나무는 아픔에 허덕이고 있다
살아서 견뎌야 하는 능지처참이다

내 고통이 저만큼이면
특수 고문죄, 자유와 행복 추구권 침해의 법 자체를
없애버리고픈 아픔이리라

보는 눈 하나 즐겁자고
몹쓸짓은 죄다 다 저질러 놓았다

투우사가 붉은 천으로
황소를 속이고 힘을 빼고는
끝내 혈을 찔러 죽이는 광경에
열광하는 인간들의 악한 마음

로마의 콜로세움 경기장에
죄수 검투사들이 피의 칼을 들고
찌르고, 베고 죽이는 광경을 즐기는
귀족, 집정관들의 악날한 오락이
못 죽어서 버텨야하는 분재속에 녹아있다

뒤틀리고 짤려서 크지 못하는 분재
세력에 눌리고, 돈의 노예로 아우성치다
해고를 당한 철이 아빠의 슬픔을 닮았다.

실업자

세월은
쉬어가는 이정표도 없이
고통을 못 본채 흘러가고
하염없이 정수리에 꽂히는
돌아 갈래야
돌아 갈 수 없는 길을 가는 사람
미궁으로 빠져버린 삶의 언저리
길을 가로막는 파렴치한 군상들
쉬어가는 오솔길의 보금자리
행복의 저편 하늘 넘어로 사라지고

되돌릴 수 없는 길을
불빛도 없이 가는 사람
세월의 아픔
잃어버린 인생의 갈림길
신음하는 생사의 진통은
아픈 가슴으로 맴도는 세상의 메아리가 된다

욕 심

사람은
욕심으로 산다
사랑도 욕심이고
미움도 욕심이다

산다는게 다 욕심이다
공부도 욕심이고
기도도 욕심이고
불경도 욕심이 있어야 외운다

내가 좋아야 네가 좋고
네가 좋아야 내가 좋다
욕심을 부리자
부질없는 욕심
남을 해하는 욕심이 아니라면...

욕심이 있어야 열정이 있다
행복과 성취의 욕심은 부리자

육각 예찬

벌집 모양
거북이 등
다이아몬드 결정
탄소 원자구조.....

자연의 섭리를 안은
경이로운 육각 문양이다

완벽한 안정감
가장 튼튼한 구조물

신비한 육각형
하늘의 기를 모으고

빈틈없는 육각 배열
무한 한 방
우주를 만들어 나간다

문명이 따를 수 없는
과학의 극치
원초적 우주요
하늘이 낳은 문양이다

예술을 버린
사각의 잿빛도심
개성이란 이름으로 모가난
사각의 마음들

오늘은
육각의 정자에 팔을 괴고
삶을 담은 자연의 섭리를 찾아
신비의 육각우주를 만나고 싶다

일일 노동

가을 운동회
포크레인이 땅을 파고
밥보다 비싼 기름을 먹는다

인력 시장엔
새벽부터 줄을 서고
일을 찾아 삶을 찾아

견뎌야 하는 세월
집안의 어린 딸
해가 기울면

잠자리 곱게 펴
행복을 만들어야 하는데
고마운듯 쉬임없는 기계

잘 살아 보려고 만든 엔진
빼앗긴 땀과 노동
잃어버린 삶의 발자취
바닥난 행복

쳐다보는 어린 눈망울
한아름 정이라도 안겨 주고파
그래도 삽질은 한다

자본주의

돈...
네가 그랬지

글로벌 산업체계
자본이동 국제분열

무소불위의 힘
대량실업 소득양극화

네 횡포에 통치력잃은 국가
메뚜기같은 기업들

사회불안 가정파괴
아작난 예의도덕

그래...
기쁘냐?

코펜하겐

편안한 초원위에
아기자기한 요정의 도시
니하운 항구
바람 돛을 단
요트들의 행진

해풍에 늘어선 맥주집
칼스버그의 진미를 느끼며
일광욕을 즐기는 사람들
가슴 가슴마다에는
바다속 인어 이야기를 간직하고
로미오와 줄리엣의 무대
크론보그 성을 이야기 한다

바할라를 꿈꾸며
바이킹을 노래하는 의혈의 사람들
그들의 심장에는 오롯한 정
따뜻한 꿈이 흐르고 있었다

홍 시

홍시가
자기더러
잘 익었다고 한다

홍시가
홍시 다워야
잘 익은 것인데...

그래도
홍시는
자기가 잘 익었다고 한다

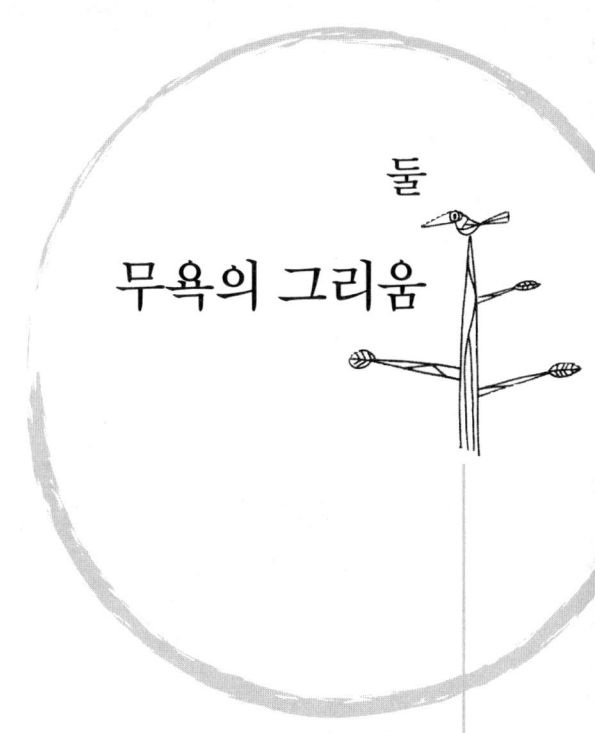

둘 무욕의 그리움

채워지지 않는 사랑은

귀소 본능을 따라

사랑이 죄가 되지 않는

겨울 숲속 연가

가을 낙조

하늘바다
수평선 너머
타 들어가는 일몰의 연가
하늘 끝 홍비단 바다에
두개의 석양이
가을을 맞대고 있다

붉은 꼬리
긴 여운
하루의 삶을 뒤로 하고
홍안의 석양
삼경의 회포, 단꿈을 꾸는
바다의 품에 안긴다

노을진 황혼 구름
수평선 고이 덮어
긴 긴 밤 내일을 위한
비단 이불이 된다

가을날의 단상

구멍난 단풍
까만 눈동자 하나
초록의 가을 가슴을 만나
계곡물에 발을 담근다

떨어지는 물줄기
하나가 둘이되고
둘이 하나가 되어 굴러 흐른다

물방울은
가을날을 여는 이슬로 영글고
고운 볼에 맺혀 여울로 아롱지는데
흘린 여운 가을날 사이로 한방울의 눈물...

구멍난 가슴, 빨간 단풍
감아버린 두 눈
가을날의 초상은 아미에 닿아 머물고

햇살은 나뭇잎 온아한 잠이된다

속삭임 같은 손수건 한장
취해버린 가을의 눈물
슬픔의 이슬을 가을에 담아 닦아주는 손

소슬바람은 하늘아래 불고
단아한 웃음이 볼을타고 흐른다

그 냥

친구야

마음이 동할땐
마시고 싶다

술한잔 하자
그냥...

너도 그냥 와

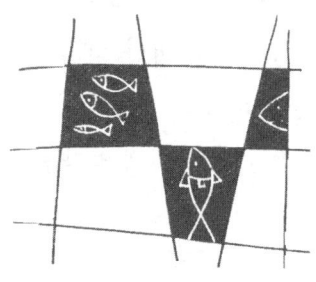

꽃

꽃은
자신이 꽃 인줄도 모르고
여러해를 살았다
주위에
풀 밖에 없었기에
그냥 자신도 풀인줄 알았다

바람불고
홀로 내리는 비
하늘의 뜻인줄 알았다
풀섶에
벌, 나비 날아들고
길손들의 바람노래
함박웃음
살가운 눈길에 떨리는 향혼

아!
내가 꽃인가봐

나목(裸木)

마음은
별을 헤는 가슴

청아한 속삭임
나목이 되어 채워진 진실

녹음을 다 주고도 남는 아쉬움
가슴 한 켠 침묵으로 상기된 염원

아름다운 강물로 세월은 흐르고

밤하늘 별아래 감춰둔 밀어
오늘이 가고 내일이 열리지 않는날

불타는 나목의 영혼
향긋함을 뿜어내는 그리움이기를...

다탁과 벗

다탁에
소꿉 장난하듯 노는 다구
씻어서
향긋한 차를 한 잔 할까 하는데

마실나온 커피잔이
물끄럼이 올려다 본다

마시는 향은
혼자 마시나 둘이 마시나
시종일관 매 한가지요
어제 그맛

다만
사색과
사람의 향기가 첨가되면
덤으로 풍기는 향이 따스하기에

사색을 위한 친구
담화를 위한 선물이
다향이요 커피향이다

선택은 뒤로하고
일단 물을 끓이자
벗이 아니오면 구름에 향이라도 실어 보내자

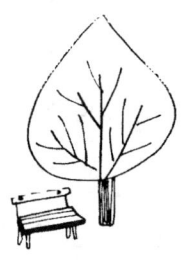

滿秋月香

가을에는
가을밤에는
대금 소리가 더 구성지다
갈대잎 파르르 바람에 부딪끼며 일고
청 소리 장단을 맞춰
입김을 머금고 허공을 가른다
망월봉에 달 오르고
옛 생각 나거들랑 나를 불러주오

그리운 사람, 그리워 할 사람도 없건만
대금의 음파를 타고
가고 싶은 곳은 그 어디메란 말이냐
아서라 두어라 대금아
이 가을
달향기 머무는곳에
내 너와 함께하면 그만인 것을……

청: 대금의 중간에는 청공이 있어 음의 떨림을 만들며 갈대 속껍질인 청을 붙인다

무 상 초

계절은
겨울 눈꽃은
인고의 발자취로 계곡에 머무는데

무상초...

봄의 아침소리
눈 덮힌 계곡을 뚫고 피어난다

나목을 헤집고
사랑은 또 하나의 사랑을 버리고 온다

눈물과 바꾼
슬프도록 아름다운 사랑을 버리고 온다

무욕의 그리움

괜찮아요
겨울아침 강가
오리떼의 유영을 보고 있어요
회색 빛 도심에 묻고온 이별연가
숨어우는 바람소리를 듣고 있어요
괜찮아요
당신을 위해 기도 할께요

채워지지 않는 사랑은
귀소 본능을 따라
사랑이 죄가 되지 않는
겨울 숲속 연가
무욕의 그리움이 되었네요
후회하지 않아요
다정한 행복이었으니까요
강물이 고요한 아름다움입니다
당신도 행복 하세요

별

별은
밤 하늘에

내 가슴에도
별이 있고

너의 가슴에
내 별을 들고 안겼을 때
무수한 별을 보았다

따스하게 쏟아져 내리는
무수한 별을 보았다

거기에도
하늘이 있고
노오란 별이 있었다

봄

금잔디에
풀꽃 향

잎 진 나목에
연분홍 향

봄은 그렇게
하늘샘 바람으로 왔다

시냇물
나비 불러
씨알을 맺는 소리

산천에
타는 봄꽃이야
님이 타는 내 가슴이지

상사화 영혼

가슴에서 타버린 영혼은
슬픔의 눈물을 먹고 한줄기 별빛으로 남는가

산 능성이를 따라 흐르던 빛
석양의 노을을 타고 갔는데
겹겹이 쌓인 그리움의 혼불은
적막한 밤 동이 틀 때 까지
영혼의 희망으로 서성이네

상사화 붉은꽃잎 서러워 떨어지던 날
잎새라도 보고싶어 땅속으로 가셨는가요
소쩍새 울음소리 밤을 태워 퍼져 가던날
한줄기 여명을 찾아 하늘빛이 되셨는가요

그토록 소망하던 일 내일로 다가 왔는데
피를 토하며 고생한 결실이
하늘의 넋이 되었단 말이오

인생은 말로 사는게 아니라며
집요한 열정의 상사화였던 당신
끝내 잎을 만나지 못하고 흙으로 돌아 갔구려

상사화 뿌리에서 잎새 돋아 나는 날
내 그대를 만나려 하오
잎새속에 그대가 없거든 꽃대를 찾아
뿌리를 캐어야겠소
그 속에도 당신이 없으면
능소화라도 심어서 하늘로 감고
그대를 찾아 올라갈테요

석 화

수 억 겁
바위속에서 자라
꽃으로 피어난 석화!
태고를 잉태한 흔적
살아있는 무언무심의 자연
찰나의 삶들이 어찌 헤아릴까

사람은 배운대로 행하려하나
배운 것이 다 진리는 아니요,
보이는 것이 다 진실이 아니며,
숨을 쉬는 것 만이 살아있는게 아닌것을.....

숙연한 마음으로 감은 두눈
생각의 문을 열고
태초의 진리를 마주하는 마음의 창에는
억겁을 가로지르는 등불
살아 숨쉬는 석화의 비밀이
세상으로 향하는 시금석으로 빛난다

스카이 라운지에서

하늘엔
까만 별

유리창 너머엔
클레식 음악 강물이 흐른다

한 잔의 와인에
그리움을 담아 마시는 시간

불빛은 강너머
줄을지어 행진을 하고

파도에 출렁이는 불빛
춤을 추는 고혹의 화음인데

기약없는 기다림에 묶인 정
긴 학의 목이되어 슬프다

시와 대금

한가락 대금소리
사방의 메아리가 되고
낭랑한 목소리
시어를 풀어내어
선율을 타고 흐른다

천상의 음
천사의 목소리가 만나
마음의 바다
노를 저어가는 시의 노래
심금을 탄
아련한 그리움
곰삭이는 바다에 춤을 추고

감회에 젖은 살가운 가슴
시를 탄 음파의 앳살에
시성이 되어 떠 간다

앳살:애뜻하고 살가운 마음

썰물처럼 살자

석양이 산노을을 타고 바다로 가는 서해
일몰전의 해는 달이되어 떠나고
파도는 굴러와 살칫돌에 포말이 된다

조개구이 한 접시에
쇠주의 단맛이 오늘은 쓰다는 친구
앞만 보고 달려온 삶이
쓸개빠진 노루처럼 우뚝 서 버렸다나

이제야 인생의 거울을 보고 있는게야

친구야
우리 다 비우고 썰물처럼 살자
비워서 넓어진 해변 시원하지 않는가
출렁이는 파도 없어도
바지락들이 물을 뿜으며 노래하고

게들이 앞발을 들고 춤을 추지 않는가

밀물이 파도를 타고 들이 닥치는 날
우리는 비워 주자고
달이 차면 기울듯 또 쓸려 나갈거야
빈 바다엔 또다른 많은 향연이 있을테고

조가비들의 만찬을 지켜 보자구

목표와 희망은 자네의 마음속에 있다네
당신의 의지가 살아 있는 한
바다는 그 모습 그대로 항상 거기 있는 것이라네

살칫돌: 해변에 파도에 부딪쳐 보였다 안보였다하며 포말을 일으키는 바윗돌

아라리 연가

갈매기 숲에 그리움 두고
갈대밭 사잇길로 떠나 간다네
목메인 메아리 바람이 되어 울고
가슴바람 메인곳엔 신기루 일다 사라지네
헤아릴 수 없는 숱한 날들
뒤안길로 멀어져가는 자화상인가
달빛구름 엮어낸
바람이 빗나가길
바람이 빗나가길
글썽이며 흐려진 하늘속 눈동자에
새로운 삶은 어디이며
시작이란 의미는 무슨 뜻인가
간다네 가고 떠나 간다네
갈매기 숲에 그리움 두고 떠나 간다네
사랑도 미움도
삶의 질곡에 썩은 그리움으로 버리고
간다네 가고 떠나 간다네
갈매기 숲에 그리움 두고 떠나 간다네

아름다운 영혼

거울속
내 모습은 허상
그런데
내 영혼은
거기 있었다

내가 생각하는 나는
내가 아니다
내 모습이 비춰진
나를보는
세상의 거울이
바로 나다

자아를 찾는 삶의 여정
아름다운 영혼을 쓰고 있는가
동무들은
거울을 들고 나를 보고 있는데...

아픔섞인 그리움

그리움은 울음이 되고
그 울음은 낭낭한 목소리로 사라지네

아른거리는 모습은 먼 발치에 와 있는데
왜 만나야 하면서도
만나서는 아니되는 사랑으로 남아야 하는가

깨어지는 가슴 아리어 정마져 부서지는가

떠날 때를 알고 있었기에
아픔섞인 그리움일 수 밖에 없는 사랑아

너는 갈길을 갔을 뿐인데
그리움은 가지를 못하여 남고

뭉게구름이 비구름되어 파도위에 울고 있나니...

애 상

너 없는 하루도
그렇게 저물고
지쳐 쓰러져 버린 오늘
내일의 고독에 몸서리 친다

어제의 하늘은
홍당무빛 애상이 되고
동트는 새벽
너 없는 하루가
그렇게 외로울 줄 몰랐다

하나를 얻고
둘을 잃어도
그 하나가 너이기를...

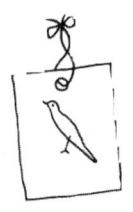

나를 버리고
얻을 수 있는 하나가
너이기를 기도하며 가자

너는 남고
내가 떠나 왔는데
너 없는 하루가
이렇게 외로울 줄 몰랐다

어느 삶

느리게
그리고 게으르게 살고 싶다

늦잠을 자고
감미로운 음악에
꿈을 한번 더 꾸고

아침 새 소리에
귀 기울여
지저귀는 의미를 듣고

시냇가 풀꽃
웃음소리 들어주며
느릿느릿 산책을 하고

뭉게 구름에
하얀 그리움도

가끔 실어 나르고

한조각 빵
커피 향기에
사색의 나룻배를 띄우고

흔들 의자에 기대어
졸면서 책을 보고

느름뱅이 친구 불러서
잡담에 취해
술 한잔 하고

밤 하늘의
별을 헤며
달의 가슴으로
그렇게 살고 싶다

연 필

나무연필을 깍았다
육각의 모서리부터 사각사각

칼끝에 깍이는 그 감촉이
왜 옛날의 추억으로 바뀌는지

몽당연필을 볼펜대에 꽂아쓰고
침을 발라 꼭꼭 눌러쓰던 글씨들

소먹이며 뛰놀고
숨박꼭질에 잠을 설쳐

숙제며 공부며 내몰라라 하던시절
시험지를 받아드니 아는게 있어야지

야속한 답이 숨었으니 연필만 떼구르르.....

연꽃 연정

수줍음 스며있는 남모르는 그 향기

포근함과 향긋함은 길은다정(吉恩多情) 이어라

세월이 시간을 빗어 언젠간 지고 말지라도

그리움에 향을 더한 연모지정(戀慕之情) 이어라

만남이 우를 범해 결실이 없다하여도

사랑이 슬프지 않은 운우지정(雲雨之情) 이어라

이별의 아쉬움이 진실된 가슴이거늘

세상사 영위하는 마지막 그날까지

심처에 간직회고할 상사불망(相思不忘) 이어라

외로움과 고독

외로움은
그저 혼자 일 뿐
누가 곁에 있으면
얼음이 녹아 내리듯
쉽게 물로 동화되어
같이 흐르는 그리움

고독은
홀로가 아닌 홀로
수많은 인파
친구와 지인들 속에서
가엾게도 쓸쓸히 격리된 느낌
세파에 시달려 소외된 허망함

외로움도 고독도
내가 안고 가야할
내 안의 또 다른 나

소망과 행복의 들판에는
외로움도 고독도 없다
털어버린 가슴 소망을 안고
고독과 외로움을 초대하여 술한잔 하자

창밖에는 비

비가 오고
창밖에는 그리움

시야를 가리는 희뿌연 영상
막연한 되뇌임의 아픔

비구름속 바람이된 이름
세월에 깍여
안무가 된 휘파람 새

지금 네가 그리운 것은
눈물이 빗물이 된 마음의 상처

秋 雨

가을에
비가오면

가을비.....

그런데,
가을마음에
비가오면

무슨비?

소슬바람 불고
낙엽
하늘
찬서리에 떨어지는 꽃잎

사랑은.....

춘향골의 메아리

바래봉의 철쭉
연민으로 타 오르고
멋과 소리의 고장
춘향골의 맹세가 들린다

부패한 작태에
절개로 항거한 영혼
남원골의 쌍골죽
정절로 되살아 났다

광한루에 맺은 언약
오작교를 아로 건너니
춘향사랑 화조풍월에
저 멀리 가슴 후비는

대바람 탄 대금소리
님이 타서 애가 되고 심금이 탄다

치악산너울

봉우리 아래 흰구름
허리띠 하나 두르고
계곡의 물
천년의 가슴
메아리로 흐른다

태고의 흔적
품안에 안고
굽이쳐 휘감은 역사
산성 아래 숨 죽이는데

궁노루, 멧새
풀벌레 산실을 꾸미고
화음을 연출한 자연
노래소리 감미롭다

세월의 무게
구름위로 보내고
삶을 초월한 농담
괭이를 맨 할아버지
밭고랑의 세월도 웃는다

세상 잡음 털어내고
밤의 행복, 고적한 평화
하늘엔 둥실
달 하나 떴다

푸르른 날

푸르른 날은
햇살을 가득 안고
희망의 가슴으로 달리자

산너머 하늘아래
부푼 꿈이 날개짓하고
도전하는 청춘은
늙지 않는다

가을날의 푸르름은
낙엽을 떨구고도
결실의 아름다움을 남긴다

봄에만
씨를 뿌려야 한다는
법이 있는가

일년의 씨앗은
봄에 뿌리고
십년의 씨앗은
가을 마음에 뿌려야 하지 않을까

이 가을
푸르고 푸른 신념의 씨앗
한아름 가득안고 달려가 보자

화왕산에서

뭉게구름 하늘가에
잠자리들 곱게 날개짓 하고

하얀수염 억새 평원
가을을 타고 노니는데

풀섶에
하늘을 베고 누우니

낮에나온 처녀달
환한 미소, 눈웃음이 정답다

황 혼

늙음이
기쁨일 수 있다면
얼마나 행복한 일입니까

곱게 늙은 아름다움은
그 얼굴빛 만으로도 아름답습니다

뒤돌아 덧 없는 눈물 없고
한 조각 후회없는 삶이
어디 있으랴만

매 순간을 다듬어
영혼을 가꾼 아름다움은
곱게 빛나는 황혼의 기쁨입니다

울며 태어난 인생
파고를 넘고
희노애락을 벗하며 살아갑니다

회 상

상큼한 나래
추억 먹은 메아리
사라져가는 음악
음파는 호공을 타고
마음의 허상을 따라
작은 위안
영혼의 맑음
떨구어 놓은 아련함으로 다가온다

흩어지는 울림
사라지는 메아리가 되어도
가슴의 파문
그리움으로 맴돌아 남는 흔적……
잃어버린 사랑 하나
기억 저편 아름다움으로 놓고
살아 고동치는 회상의 미로
음파의 흔적을 보듬는다

호공: 마음에 뚫린 호젓한 구멍

셋

생의 한 가운데

남아잇는 거짓의 미움까지도

한모금의 연기에 실어 보낸다

발가벗은 알몸의 영혼이

헤아려 주지 못하는 진실일지라도

감정에 따라

마음에 꼭 드는 물건을 보았을때
만져보고 또 소유하고픈 욕구는

한눈에 반해버린 사람을 보았을 때
그의 친구이고 싶고
그의 사랑이고 싶은 마음과 같을 것이다

사람은 학습을 통하여
이성이 감정을 지배하는 법을 배우지만

이는 이성 그 이전에
감정이 이성을 지배하는 원시적인 본능이다

요즘엔 그저 마음가는대로
감정이 나를 지배하는대로 살고싶을 때가 있다

그래서 인생

부모님 마음같이
선생님 마음같이
행동하고 크지는 않았다
그래서 인생인가 보다

또 다른 나의 분신이
내 마음이길 바라지 말자
동으로 가라하면 서쪽으로 가고
망신살이 뻗치는 일 한 두가지 아니다
그래서 인생인가 보다

수양이 따로 없다
고행이고 산다는 것이다
등 허리 휘어진 나무가
더 아름다울 수 있고
가재는 급할 수록 뒤로 가더라
그래서 인생인가 보다

기러기 아빠

가을…
단풍의 절규에
은행나무는 생 손가락을 잃고
낙엽을 떨구어 놓은 나무는
쓰라린 가슴
털어 비워야 함을
찬 소슬바람에게 듣는다
가을을 타는 노오란 가슴들
홍조띤 단풍으로 흔들리고
울적 시큰둥한 마음
그리움을 낙엽에 담아
가을을 밟고 지나가지만
정작 가을을 타는건
찬 서리 시린마음
잎새하나 떨구어 놓고
생 손가락 잃아야하는 가을이 서러워서
차라리 눈보라 살바람 맞으러 가는
저 기러기 아빠 나무가 아닐까

내일을 위하여

사랑은 물결처럼 흐르는 삶
삶의 영속이 오늘의 햇살을 잠재우고
내일의 소망에 어깨를 걸고
너를 위한 몸짓에 또 하루를 보낸다

나를 옥죄는 허물을 벗고
너의 심중에 나를 두고자 하지만
가냘픈 내 욕망이 너를 감싸지 못한다

흐트러지는 일상이 너를 구속하고
인고의 노력이 너를 외면해도
고난의 시련앞에 당당히 맞설수 있는 용기

인생이란 결코 고달픈것 만은 아니고
사랑은 영원처럼 소중한 것이기에
순간의 행복을 위하여 오늘의 잔을 마시지 말자

내 사랑이 다하여 부서지는 포말이 되어도
너를 위한 영혼은 살아있을지니
한몸 쓰러져 흙이되어 사라질 때까지
살아있는 의지와 행복을 실어 나가자

내일의 터전은
오늘이라는 사실이 밑거름이 되기에
울지 못하는 오늘은 내일을 위하여 웃자

눈꽃핀 소망

예정없는 약속
기약없는 만남의 날을 기다리며
눈꽃핀 하얀밤길
너의 생각에 홀로 잠겨 거닌다

나에게
너를 그리워 할 수 있는
시간이 있다는게 즐겁고

찰나의 인생
함께 보낼 수 있는 시간이
기필코 오리라는 것이 행복하다

너를 향한 나의 시간들이
유익한 그리움으로 응축이 되고
그 시간 시간들이 모여

예정없는 약속
기약없는 만남의 끝자락이 올 때

눈꽃핀 소망
열두 계절의 사랑은

아름다운 한송이
함박세상의 꽃으로 만개 할거야

달님과 벗

달빛 아롱지는 밤바다
살칫돌을 넘어
갈매기들 잠제비짓 하고
삶이 구름인 양
달빛 아래 떠 가는데

한잔 술에 시 한수 지어
벗님의 잔에 채워준다
바다에 뜬달
안주를 삼아
구름처럼 흘러가는 인생

시름을 허공에 걸고
벗님과 마주앉아
하늘의 달을 마신다

살칫돌: 해변에 파도에 부딪쳐 보였다 안보였다하며 포말을 일으키는 바윗돌

당신

지금이
처음처럼

처음이
내일처럼

가슴를 준 당신...

삶이
꽃 봉우리로

행복은

만삭의 달이 된다

대천 바닷살

네 바퀴 달린 자동차가
두 바퀴 달린 사랑을 싣고 달리다가
어느순간 바퀴 하나로도 족한 달덩이가 된다

해수를 뿜어내는 분수대를 지나고
여인상과 인어상이 날개를 달 때쯤
파도소리에 휘파람을 부는 괭이 갈매기

바다맛 조가비소리 백사장 끝자락에
짠물을 머금은 홍합과 굴들의 노래
바위틈에 보금자리를 마련한
말미잘과 갯 가재 친구들.....
파도는 살칫돌을 넘어 포말이 되어 구르고
게눈 감추듯이 뽀뽀를 한다는것이
붙어버린 입술속으로 붕장어가 날아다닌다

썰물은 밀물이 되고
파도건너 아득해 보이는
여인의 가슴을 닮은 작은 섬 하나
두 봉우리 사이로 멀어만 보이는 하얀 백사장위에
가슴을 닮은 분홍빛 점 하나 찍어 놓는다

후일이 내일이 되는 어느날
작은 배 위에 말미잘 한쌍을 싣고
가슴닮은 두 봉우리에 나누어 서서
견우가 직녀를 부르는 칠월칠석날 놀이를 하고
말미잘의 속살대롱 붕장어 한마리
부드러운 촉수에 취해 꿈나라에 떠 간다

몸과 마음

몸이 아프면

마음도 아프다
아픔의 육체는
원하는 가슴의 것이 아니기에

몸이 아픈 사람의 말을
건강한 사람은 이해를 못해도
아픔의 말은 진심을 담은 호소다

건강한 사람이 이해를 해야 할까
아픈사람이 이해의 아픔으로 살아야 할까
건강이 허락할때
기쁨을 주고 아픔은 나누자

몸이 아프면 마음도 아프다
마음이 아프면 몸이 아파오는것 같이

무 정

석양은 산너울 너머
땅거미가 되고
무심한 발길 집으로 향하는데
가슴 아리던 기억, 한통의 전화

그만 깜박 잊고 살았구나

참 삶을 성실로 사버린 친구
패기가 무기인양
역동의 웅지를 펼치던 너
마주한 얼굴엔 수심이 하나 가득

하늘 저편에
못다 이룬 꿈 새겨놓고
묻어버린 세월
썩어 타버린 가슴

비틀려 버린 세상이
너를 외면 했을 뿐
누구를 원망 하랴

술이 되어버린 상념
정을 찾아 왔는데
희망 하나 건져 주지 못하는 마음

일말의 변명
후회도 없이
긴 예기 털어버린 가슴을 안고
한잔 술에 표표히 떠나가는 사람아
내가 아는 너는 갈곳이 없는데.....

아!
희망아
사랑을 안고 친구를 지켜다오

무책임한 지식

더 넓은 세상에
미로만 본다

돌파구 없는 벽에
가득찬 머리를 쥐어 박고 있다

지혜의 바다에
족쇄를 찬 지식이 헤엄을 치고

상아탑이 우뚝 솟은 곳에
코끼리 시체가 뒹군다

넋 나간 눈으로 쳐다 보지 마라
성공을 위한 투쟁은 죄가 아니다

무책임한 지식을 떨쳐 버리고
지탱 할 수 없는 꿈의 벽을 뚫어라

쌓이고 고이고 정체된 열망이
지혜의 흐름으로 물꼬를 터면

꿈의 동산에 모인 많은 이들의 경험은
성공의 가슴에 선물이 된다

복스러운 미모

난
미모의 여자가 좋다
복스러운 여인 말이다

마음이 포근해서 좋고
따뜻한 누님의 마음같아서 좋다

우습지 않은 이야기
표현이 어색해 가슴만이 알고있는 이야기

궁금했던 일을 그냥 물어도 좋고
부드럽게 다가오는 미소가 있어서 좋다

나의 사랑이
복스런 미모를 더욱 좋아하는 까닭은
내 마음만이 알고있는 진실을
그녀도 알고있기 때문이다

부부의 얼굴

부부는
살면서 마주보는 거울

토양이 다른 환경에서 자라
환경의 지배를 받으며 한 포기가 되는것

뒤엉킨 한 포기 뿌리에서
같은색의 예쁜꽃을 피우며 서로 닮는것

남편의 사랑은 아내얼굴에 행복을 만들고
아내의 사랑은 남편얼굴에 자신감을 만든다

남편의 잔소리는 아내얼굴에 주름이되고
아내의 투정은 남편얼굴에 근심이 된다

하여
남편 얼굴은 아내를 보는 거울이요
아내 얼굴은 남편을 보는 거울이다

사 랑

사랑은
향기가 나는 행복
내 마음의 정
사모하는 그대의 가슴이 되고

그대의 웃음
편안한 속삭임 이어야 한다
지고 지순한 열정에는
욕심이 따르고

얻고자 하는 사심에서
소유욕의 변태가 생긴다
말이 없어도 평온함이 감돌고
눈빛에서 마주하는 향기가 나야 한다

있을땐 없는듯
없을땐 갈증에 목이마른 물이어야 한다

사람과 사람

사람이
사람을 만나면 기쁨

그리운 사람
반가운 사람
정에 겨운 사람

만나서
기쁘지 않은 사람이 어디 있으랴만

내 스스로가
남에게 기쁨을 주는 사람인가
내 스스로가
정다움, 반가움을 주는 사람인가

일상의 업무도
살아가는 이웃도

내가 사용하는 언어에
무례함이나 부담감이 없는가

나의 행동이 편안하고 정겨운가

눈빛 하나에 그리움이 있고
작은 미소에 정다움이 있습니다

사람이 사람을 만나면
사람의 향기가 남는 기쁨이어야 합니다

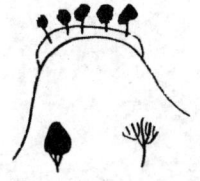

생의 한 가운데

온정을 안고
그리움을 따라 소망은 달린다
오늘의 태양이 내일의 태양이 되고
행하지 못할 밀어가 아름다움이 되기까지
따뜻한 가슴에 못내 아쉬움마져 흐른다

거품찬 맥주잔
허울의 멍애를 벗고 앉은 영혼
깍고, 다듬고.....
낙서로 찬 머리속을
상념의 지우개로 지워 없애고
남아잇는 거짓의 미움까지도
한모금의 연기에 실어 보낸다

발가벗은 알몸의 영혼이
헤아려 주지 못하는 진실일지라도

열어버린 가슴에 맺힌 열매는
어느 순간 멈추어버린 생각의 마차에
생의 한가운데로
싸움닭을 싣고 달려 나간다

한번의 삶이기에
너와 내가 둘이 아니며
삶의 기쁨과 행복을 향해
이상과 현실 또한 둘이 될수 없기에.....

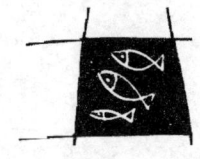

시 와 시인

시와 시인!
시의 향기가 시인을 부르고
향기받은 시인의 마음이 시를 엮는다

시!
너를 대하면서
나의 눈은 아름다움을 보게 되었고
너의 따뜻함은
메마른 내 가슴에 다가와
시를 쓰게 만들었다

시!
내가 너를 만날때
너는 나에게
신선한 충격 이었어

시!
내가 힘들고 고달프고 외로울때
웃을수 있는것은
시!
바로 네가 있기 때문이야

시!
깊은밤
불을끄고 잠을 청할때
네 모습이 지워지지 않아
잠못 이루는 밤을 아니?

시!
쏟아지는 그리움을 못이겨
꿈속에서
널 다시만나려고 눈을 감지만
시공을 초월한 너의 영상은
어느새 내 눈동자앞 눈까풀에 와 있어

시!

너는 속삭이는 바람으로 오고
한조각 구름이되어 떠나지만
마음의 뜰 앞에서 우리는 다시 만나고
그리움의 꼬리를 문 연민의 시를 남기지

시!
네가 나에게
아름다움을 보는 눈을 주었듯이
나는 너에게
아름다움을 위한
사색하는 명상의 의미
가식없는 사랑의 의미
외적인 화려함 보다는
내적인 지성의 의미를 안겨 주련다

그리하여 시!
우리는 참으로 소중한
그 사랑을 위하여 사랑할 수 있는 마음의
시를 위한 시인
시인을 위한 시가 되자

울며나는 갈매기

포근한 서정
열린 그리움
세상사 뒤안길
목메인 시름에 겨워
한쌍의 갈매기로
파도따라 사랑한 사람
세상이 숨을 죽여
이별을 삼켜야 할 때에도
슬퍼하는 웃음보단
담담한 눈빛이 되자던 사람
눈앞이 흐리도록
못견디는 그리움을
이별의 추억으로
마음에 묻어 두자던 사람
사랑은 가까이 있어도
떠나야 함에 눈물을 먹고
이별의 웃음이 슬퍼
파도빛 그림자로 울며 나는 갈매기

월하 삼매경

달무리 진 꽃 농원
이화 도화 흩날리고
봄 바람 스치는 골
호공을 캐는 젓대소리

님은 월색에 취해
삼매경에 빠져있고
내가 부는 내 젓대
내 심금에 내가 운다

월(月)색에는 음파 싣고
화(花)색에는 님을 실어
취기(醉氣)에 흐르는 곡조
춤을 추는 꽃잎들

처소에 만발한 도화
축시(丑時)합궁 기다린다

호공 : 마음에 뚫린 호젓한 구멍

지음회의 청소리

한 잔의 차를 마시며
향긋한 이야기 꽃
대바람 소리를 좋아하는 사람들

차 향에 젖어
한 곡조의 대금을 불고
한가락 단소 선율에
차 향기를 실어 보내고

대금 향
차 향기에
사람 향기를 더하며 사는 지음회

대금의 청 소리가 허공을 가를 때
저 멀리 지음이 찾아오는 소리
하늘의 기러기 고향 땅으로 나를제
대울림 가득한 진동 구름을 따라 간다

대금으로 만난 인연
대금을 넘은 지음으로 남아

차 향에 젖어
대소리에 젖어
수양의 도반으로 풍류를 타고
삶의 꽃을 피워가는 사람들

청 : 대금의 중간에는 청공이 있어 음의 떨림을 만들며 갈대 속껍질인 청을 붙인다

지음: 마음이 서로 통해 내 모든 것을 다 주어도 아깝지 않은 친구

天上之愛

관념의 멍에를 벗고

가슴에서 흘러내린 불꽃 사랑

마음 곳곳에 배인 상처를 허물고

까만 하늘속으로 사라지는 아픔

뜨거울대로 뜨거워진 영혼

어느 별 하나

흘러가는 달빛구름 사이로

식기에는 너무나 고통스러워

터져버린 상사병으로 산화함이다.....

첫 키스

첫 키스가 달콤하다고?
아니더라
가슴은 벌렁벌렁
바르르 떠는 입술은 얼얼얼

뭘 잘못 먹은것도 아닌데
냉동실 다녀온 입술처럼
얼어버린 감각으로 곰슬거리더라

사르르 녹아서 흘러버린것 같아
만져보니 이상은 없는데
준것도 없이 빼앗겨 버린 야릇함

님이 먹어버린 것은
내 토실한 입술만이 아니라
야속하게도 내 마음까지 먹어버린 거야

친구에게

친구야!
불공평한 세상
고개를 떨구고 있다고
태양이 보이는가

마음에 품지않은 비젼과 행복은
절대로 현실로 나타나지 않는다

원망의 장애물
비참한 어제는
뿌리까지 뽑아 버려라

구겨져도
자신과 돈의 가치는 살아있고
목표와 희망도 살아있지 않은가

신선한 발상
긍정적인 사랑
남의 믿음보다
자신의 믿음속에
소망이 꽃을 피운다

다시 시작 하는거야
비워져있는 땅에 씨를 뿌리며
새는 바람을 가르며 날으고
배는 물의 저항이 있어야 뜬다

동기가 선하면
결과도 선하며
할수있는 용기와 웃음 속에
신념의 태양은 떠 오르고
행복은 너의 가슴에 안길거야

칼로 물베기

언성이 높았지만
못 이기는 척
훌렁 가슴에
품어 안을 때
돋아나는 정은
새록 새록 향기가 됩니다
아우럴 수 없는 가슴이
사랑을 품을 수 있을까요
포근하게 덮어주고
그냥 있는 그대로
품어 안고 사는 가슴

내 님아
당신은 아시는가
나의 숨결이
아우러는 가슴으로
네 눈동자 속에
함께 한다는 걸.....

큰 애기

하나 둘
흰머리가 나부끼는 마누라
건망증이 제법이다
깜빡 잊은 민망함엔
다 큰 어리광을 부린다

이걸 나무래야 하나
그냥 품어 안아야 하나
일의 경중도 모르고
잘못을 저질렀을땐
나이 든 소녀의 응석받이
아양을 떨고
애교를 부린다

이걸 정말 어찌해야 하나
어이없고 생뚱맞는 행동에
소년이 된 마음
훗! 닭살이다

하늘과의 독대

인명은 재천?

망할놈의 하늘

그런다고 니 마음대로 데려가냐?

법을 넘어 사는 사람인데

당신의 눈은

뒤꼭지에 붙었나?

미명같은 목숨

인명은 인명으로 살도록

그냥 내 버려 두란 말이오

가인단명(佳人短命)같은 소리 하고 있네

이건 무효야

물어내

눈물도 안나와

돌려 달란 말이야!

행복의 태양

태초에
태양은 두개였다
생명 근원의 하늘빛 태양과
행복을 심는 잉태의 태양 이었다

어둠 속에서
씨알이 융합되는 소리
잉태의 골 깊은 곳에
태양 하나가 웃고 있다

세상에 빛을 발하고
어둠을 뚫고나온 심장 한 가운데에
신의 이름으로 행복을 심어 놓았다

하늘빛 태양아래
먼 행복을 찾는 사람들
웃지못할 행복, 삶의 고뇌가 보인다

태어남이 축복이요
마음의 태양은
찾는 이에게 빛나고
자신의 가슴 속에 행복이 숨겨져 있다
잉태된 가슴속 행복의 태양
나누는 마음 기쁜 내일의 꽃으로 빛나게 하자

서울의 오아시스

인왕산이
맑은 물 청계천에
얼굴 비추며 눈을 씻는다

50 여년 묵은 체증
역사의 뒤안길로 보내니
어허야 둥실 시원 하구나

굽이쳐 흐르는 물
종로가 춤을 추고
청둥오리 황여새가 맑은 바람노래를 한다

버들치, 피라미
참붕어와 숨박꼭질 하고
아이들도 같이 놀자
첨벙, 마음이 뛰어든다

하늘터널 분수광장

치솟는 물 패션을 수놓고
화음의 자연 눈웃음 인파에
물을 퉁기는 예술 다리들
실로폰소리 아름답다

500년 도읍지가 푸른물에 숨을 쉬고
서울의 오아시스 세계의 발길 이어진다

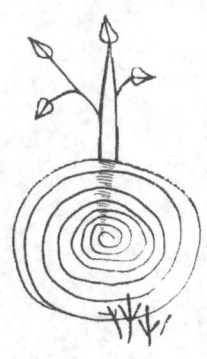

이진숙 시집 〈혼자된 시간의 자유〉 평설
자유와 사랑의 지향적 선율

丘 仁 煥 (서울대 명예교수, 문학과문학교육연구소 소장)

1.

청포도가 익어 가는 시절! 마을 전설이 주저리주저리 열리고 하늘을 꿈꾸며 알알이 박힌 청포도가 고달픈 몸으로 청포를 입고 찾아오는 손님을 맞이하는 푸른 칠월, 그 칠월이 짙은 태양 빛으로 온 산하의 녹음을 짓푸르게 물들이고, 푸르게 펼친 들 건너 평화스럽게 단장한 마을을 얼싸 안아 육사가 마련한 하이얀 수건에 짙게 흘러 온 세월의 명암을 그리고 있다. 삼각산이 일어나 더덩실 춤을 추고 한강물이 뒤집혀 용솟음치는 그날을 위해 이 몸의 가죽이라도 벗겨서 커다란 북을 만들어 들쳐 매고 앞장서서 두드린다는 심훈의 소원이 이루어진 지 60년, 벌거벗은 붉은 산이 상록수의 향기가 더하는 산과 들이 푸르러 정제된 산하의 향훈(香薰)을 더하고 있다. 그 수많은 격동의 소용돌이를 어루만지고 세계에 펼치는 한민족 역군의 빛을 온 누리에 펼치는 푸르름이 짙어 가는 상록의 산하를 생동하게 한다. 보리고개를 넘어 한강의 기적을 이루고 녹색혁명을 일으켜 생산의 선두에 서서 세계 10위의 약진을 가져온 그 푸른 포도송이 알알이 우리도 한 번 잘 살아 보세의 꿈을 이루어 이 강산이 짓푸르게 타오르고 있다.

이렇게 푸른 강산에서 산다는 것은 복된 일이다. 그 수많은 수난을 겪고도 의연히 일어나 성공한 민주화의 나라로 한강의 기적을 이루어 선진산업국에 진입한 오늘에 산다는 것은 더욱 축복된 일이다. 물론 여러 면에서의 사회적 음영(陰影)이 있고 갈등이 없지 않으나 하늘을 우러러 한 점 부끄러움이 없이 살아갈 수는 없어도 자족하면서 살아갈 수 있는것이 오늘날 한국의 위상이요, 그 안에서 소중한 것을 위해 전력을 다하여 그것을 성취해 갈 수 있는 것이 우리의 복이다. 하지만 겉으로 잘 사는 데 만족하여 정신없이 앞만 보고 뛰어 가는 것만이 복된 것은 아니다. 오스카 와일드는 인간에게는 종족 번영의 사명과 문화창조의 사명이 있다고 말하고, 미국 문명비평가 에리히 프롬은 소유냐 삶이냐를 말하여 문화창조에 의한 삶을 누리는 것을 강조하고 있다. 자유 속에 가장 소중한 것을 위하여 온 힘을 기울이는 삶의 지혜, 그것이 우리에게 축복을 선사한다. 그것은 '이것이냐 저것이냐 그것이 문제로다' 라고 햄릿의 독백으로 만인을 감동케

한 세익스피어가 '인간이란 이다지도 기막힌 걸작인가? 슬기롭고 고귀한 이성, 무한한 재능, 적절하고 훌륭한 형체와 동작, 행동은 천사와 같고 이해력은 신과 같아 세계 만물의 영장이다' 라고 말하듯이 가장 소중한 것을 위해 전력을 다하여 전진할 때에 아름답고 무엇인가 꽉 차있는 성(城)을 쌓게 된다. 이진숙 시인의 시집 〈혼자된 시간의 자유〉가 바로 그런 아름답고 가득하게 싸 올린 한 성이다.

2

이진숙 시인의 시집 〈혼자된 시간의 자유〉는 한울문학 신인문학상을 받고 등단 후에 '삶이 그리워 시를 쓰고, 갈매기 숲 같은 세상의 바다에 혼자 된 시간의 자유를 찾아 삶의 무게를 달래고, 생각을 열어 정을 짚고, 사랑으로 행복을 짓고 나눠도 될 마음' 으로 창작한 시의 화원이다. 이 시집은 〈무욕의 그리움〉외 32편, 〈갈매기 숲 영혼〉외 33편, 〈생의 한 가운데〉외 28편 도합 93편이며 '삶이 각박해질수록 그리움이 현실이 되고 현실이 추억의 그리움으로 남는 삶' 의 시들은 은은한 대금소리와 같이 그 주옥 같은 선율을 수놓고 있다.

'세월은 시처럼 흐르고, 아름다움도 삶도 흘러가는 세

월속의 흔적이 용기와 사랑의 위안이 되고 신선한 카타르시스가 되기'를 기대하는 그 선율이 우리의 고달픈 발길을 잡아 감동을 주고 있다. 그의 시 숲속 오솔길을 따라 시의 향기와 대금의 선율에 젖어본다.

  먼저 산과 들 산수에 젖어 삶을 관조하고 그 속 삶의 아름다움을 노래하는 관조의 미에 끌린다.

  하늘바다
  수평선 넘어
  타 들어가는 일몰의 연가
  하늘 끝 홍비단 바다에
  두 개의 석양이
  가을을 맞대고 있다.

  붉은 꼬리
  긴 여운
  하루의 삶을 뒤로 하고
  홍안의 석양
  삼경의 회포. 단꿈을 꾸는
  바다의 품에 안긴다

노을진 황혼 구름
수평선 고이 덮어
긴긴 밤 내일을 위한
비단 이불이 된다
　　　　　- 〈가을 낙조〉

　황혼은 언제나 아름다우면서도 서운한 것, 기러기 울어 예우는 석양에 붉게 타오르는 황혼은 황홀하면서도 가을의 단풍과 같이 음영의 그늘이 서린 채색된 구도, 처칠은 나에게는 인생의 황혼이 없다고 황혼을 뒤로 앉아 짙게 살아온 현실에 눈을 던지고 있지만, '구름은 보라빛 색지 위에 마구 칠한 한 다발의 장미' 의 황혼은 언제나 우리를 감동케 하고 성숙의 채색에 취하게 한다. 황혼은 하늘 바다 수평선 너머 타 들어가는 일몰의 연가로 가파르고 소용돌이치는 삶의 연가를 안고 두 개 석양이 가을을 맞대고 있다는 삶과 계절과 하늘과 바다를 평행적으로 대치하면서 4연의 바다의 품안에 안기어 하나가 되고 긴 긴 밤 내일을 위한 비단 이불로 융합되는 그 대칭과 은유 그리고 회화적 구도에 의한 감동이 우리를 압도한다. 별을 헤는 가슴으로 감추어둔 밀어를 안은 〈나목〉의 향긋한 그리움과 자신이 꽃인 줄을 모르고 여러 해를 산 〈

꽃〉의 존재의 자각이나, 별은 하늘에 있는 것이 아니라 우리의 가슴에 있다는 〈별〉속의 별의 신비, 대금 소리가 더 구성진 가을밤 〈晩秋月香〉의 달과 향기 소리의 공감각적인 양취, 태고의 흔적 가슴에 안고 굽이쳐 휘감는 역사가 산성 아래 숨쉬는 〈치악산너울〉의 삶을 휘어감는 자연의 초연 등 많은 시에 삶이 투영된 자연의 경외를 형상화하고 있다.

 이진숙 시인의 숲에 또 하나의 오솔길은 삶의 투시와 관조에 의한 성찰과 형성의 새로운 의미망을 심화하여 세사에 시달리는 우리의 발길을 잡는다.

  괜찮아요
  겨울 아침 강가
  오리떼의 유영을 보고 있어요

  회색 빛 도심에 묻고 온 이별연가
  숨어 우는 바람소리를 듣고 있어요.

  괜찮아요
  당신을 위해 기도할께요

채워지지 않은 사랑은
귀소본능을 따라
사랑이 죄가 되지 않는
겨울 숲 속 연가
무욕의 그리움이 되었네요.

후회하지 않아요
다정한 행복이었으니까요.
강물이 고요한 아름다움입니다
당신도 행복하세요

- 〈무욕의 그리움〉

   그 얼마나 가슴이 아프기에 겨울 아침 강가에서 오리 떼의 유영을 보고 있을까. 도심의 회색 빛에 묻고 온 이별 연가를 잔잔한 연못의 너울대는 파도에 되씹고 있는가. '오세요. 당신은 오실 때가 되었다면서 당신이 오실 때는 나의 기다리는 때입니다' 라고 오심을 기구(祈求)하는 한용운의 "오세요"를 연상케 하면서 채워지지 않은 사랑을 무욕의 그리움으로 승화시키고 있다. 정말 사랑은 채워지지 않은 우물물과 같이 가득 채워지지 않고 자꾸만 새어나가려고 하는 것인가. 다정한 행복이니 후회하지 않는다지만, 나보기 역겨워 가실 때는 죽어도 눈물 안 흘린다면서 가슴으로 울면서 언제나 고요한 강물과 같이 행복하라고 무욕의 그리움에 울고 있는 것이다. 사랑은 주고 받아야 하는 그 인연이 끊어진 단장의 아픔을 행복을 비는 무욕의 그리움으로 승화시키고 있다. 정말 사랑은 어떤 것이고 그리움으로 채워질 수 있는 것인가.

    사랑은
    향기가 나는 행복

    내 마음의 정
    사모하는 그대의 가슴이 되고

    그대의 웃음
    편안한 속삭임이어야 한다

    지고 지순한 열정에는
    욕심이 따르고

    얻고자 하는 사심에서

소유욕의 변태가 생긴다

　　말이 없어도 평온함이 감돌고
　　눈빛에서 마주하는 향기가 나야 한다

　　있을 때는 없는 듯
　　없을 때는 갈증에 목이 마른 물이어야 한다.

　　　　　　- 〈사랑〉

　사랑은 향기가 나는 행복이고 있을 때는 없는 듯 덤덤하고 없을 때는 목이 마른 물이어야 한다는 〈사랑〉은 얼마나 지고지순한 영혼의 갈증인가. '아아! 님은 갔지만 나는 님을 보내지 않았습니다' 라고 절규하는 "님의 침묵"은 얻고자 하는 사심에 소유의 변태가 생기는 것인가. 헬만 헷세는 '주는 것은 받는 것보다 행복하고, 사랑하는 것은 사랑 받는 것보다 아름답고 사랑을 행복하게 해 준다' 고 "청춘은 아름다워라"에서 말하고 있지만, '행복을 받고 행복을 보내는 것은 언제나 인간의 큰 기쁨이다' 라고 한 괘태의 말대로 사랑은 주고받는데 향기가 나는 행복이요, 있을 때는 없는 듯 없을 때는 갈증 나는 물인 것이다. 배반하는 사랑, 위장한 사랑, 욕심만을 채우는 이기적인 사랑은 "칼맨"이나 "랄로메"와 같은 비극의 그늘이 서린다. 그리움이 울음이 되는 〈아픔 섞인 그리움〉이나 너 없는 하루가 이렇게 외로울 줄 모른 〈애상〉, 능소화라도 심어서 하늘로 감고 그대를 찾아 올라갈테요의 〈상사화 영혼〉이 사랑의 승화를 위한 형상화이다.

바위 능선
벼랑을 끼고
허리가 잘린 고사목
녹슨 철모를 쓰고 있다

그 아래에
길손이 세워준
이름 없는 비목의 기도
영혼의 침묵을 달랜다.
가슴에 흉탄을 맞고
 산야에 메아리가 된 비명
 누구의 목숨
 누구를 위해 앗아간 죽음인가

사라져간 눈망울
　　흘린 핏방울의 산하
　　내 조국
　　내 민족은
　　슬픔의 분단으로 괴로우나

　　통일의 염원은
　　이념 논쟁
　　체재 유지
　　정치 권력의
　　도구로 전락하고 있는데....
　　　　　　　　　　　　- 〈녹슨 철모〉

　세상은 쉬지 않고 흘러가면서도 그대로 흘러가지는 않는다. 그것이 짙거나 옅거나 크거나 작거나 흔적은 기억의 망각 세계에 묻히기도 하고 또는 그대로 생생하게 우리의 기억과 가슴에 되살아 그 처참했던 현장으로 이끌어간다. "나무들 비탈에 서다"와 톨스토이의 "전쟁과 평화"나 레마르크의 "개선문"과 쇼의 "젊은 사자들" 전쟁의 처참한 비극을 서사화한 작품이 적지 않다. 이 〈녹슨 철모〉는 그런 전쟁의 비극 속에 전사한 이름 모를 전사의 녹슨 철모를 표상으로 병사의 죽음이 처절함과 분단 조국 통일의 어두운 현실을 개탄하고 있다. 비극적 6.25전쟁이 휴전된 지 50여 년, 선진의 문턱을 넘는 한강의 기적을 이룬 무서운 성장 하에는 전쟁의 상흔이 아직도 여기 저기 뒹굴어 아픈 상처의 치유가 절실함을 가슴 아프게 공감케 하고 있다. 이런 사회의식은 〈썰물처럼 살자〉나 〈21세기〉〈독도〉〈일일 노동〉 등에 투영된 성찰과 지향의 결정(結晶)을 보여준다.

한 가락 대금 소리
사방의 메아리가 되고

낭랑한 목소리
시어를 풀어내어
선율을 타고 흐른다
천상의 음
천사의 목소리가 만나
마음의 바다
노를 저어 가는
시의 노래

심금을 탄

아련한 그리움

곰삭이는 바다에 춤을 추고

감회에 젖은 살가운 가슴

시를 탄 음파의 앳살에

시성이 되어 떠간다.

　　　　　-〈시와 대금〉

　시는 미의 운율적 창조이며 음악적인 사상이다. 확산을 주로 하는 산문과는 달리 시는 응축을 주로 하는 운문이다. 이 응축의 시는 사상과 정서를 시적 언어로 형상화하여 우리를 감동케 한다. 낭랑한 목소리가 시어를 풀어 내어 선율을 타고 흐른다. '천상의 음 천사의 목소리가 만나 마음의 바다 노를 저어 가는 시의 노래'는 시와 대금의 운율이 이미지화되어 겨울 눈꽃과 같이 가슴을 아리게 한다. '저의 많은 시들이 우리의 소리 대금곡으로 되살아날 것이며, 주옥 같은 선율에 깊은 아름다움으로 어울리는 날을 기대한다'는 시인의 말에 대금의 명인 이생강의 대금 산조와 같은 이진숙 시인의 시와 대금에 의한 선율을 듣는 아름다운 날이 올 것이 기대된다.

〈담배〉는 삶의 반려자인 담배의 속성과 나의 삶과 담배의 교류적 미학을 시화한 연작으로 금연운동이 야단스럽게 벌어지고 있는 현실에 애연(愛煙)의 자술로 명동의 '청동'에서 담배를 문 공초의 애연이 스쳐 '하얀 옷 남실거리는 매끈한 몸 진한 당신의 키스로 온 몸이 빨갛게 물들어 가는 담배의 미학을 되새기게 한다. 많은 시가 산수와 살아가는 생활주변을 성찰하고 감동적인 은유로 형상화하여 감동을 주고 있다.

3.
　인생은 짧고 예술은 길다지만 모든 예술이 영원한 것이 아니다. 그 예술이 보편성과 영구성을 가질 때 그 예술은 영원한 향기로 세인을 압도한다. 문학의 경우도 예외는 아니다. 짙은 문학성을 구유(具有)할 때에 그 작품은 우리를 감동하고 변화하게 한다. 문제는 예술적 구조에 소용돌이 치는 삶과 역사를 반영하고 자아성취와 낙원의 지향을 형상화하는데 있다. '한 권의 장편소설을 한 편의 시로 쓸 수 있다'는 도스토에프스키의 말대로 시는 서정과 사상을 압축적으로 형상화하여 그 문학성을 나타낸다. 아무리 위대한 사상이나 역사적 현실도 형상화되지 않으면 그것은 한갓 의식이나 이념의 구호에 지나지 않는다. 박영희의 '얻은 것은 이데올로기요 잃은 것은 예술이다' 라고 한 말은 우리의 창작 자세를 되돌아보게 한다.

　이진숙 시인의 시집 〈혼자된 시간의 자유〉는 혼자된 시간의 자유 속에 사랑으로 행복을 찾고 이웃과 나누려는 사회의식을 은유와 상징의 예술적 기법으로 형상화한 문학성이 돋보이며 읽는 묘미에 빠져들게 하고 있다. 앞으로 보고 뛰는 바쁜 길이나 휴가철의 한가한 시간에 이 한 권의 시집을 들고, 순수한 영혼의 소리에 귀 기울이고 시의 감미로운 언어의 마술에 담뿍 젖어 삶을 여유롭고 살찌게 하는 것도 좋을 것이다.

언론서평

시와 대금은 선율을 타고

방 희주 - 뉴스매거진 기획취재부장

"생은 한번뿐인 삶 이기에 너와 내가 둘이 아니며 삶의 기쁨과 행복을 향해 이상과 현실 또한 둘이 될 수 없기에"

현실세계에서 그리 멀지 않은 작가의 시 세계를 들여다보면 오늘의 태양이 내일의 태양이 되는 아름다운 영혼과 내밀한 시 세계가 조화를 이룬다

'낙서로 찬 머릿속을 상념의 지우개로 지워 없애고 남아 있는 거짓의 미움까지도…'

이진숙은 현재 시를 쓰고 대금을 연주하는 연주가 겸 작곡가로도 활동 중이며 시와 현실에의 접목, 대금과 이상에의 접목을 시도하는 예술인이다. 고요하고도 감미로운 서정성을 함축시킨 작가의 글을 보면서 일몰의 바다에서 또는 고단했을 작업장에서 서재에서 계곡에서 일상에 지친 영혼을 위로하고 맑은 공기 같은 역할을 하고 있다고 볼 수 있겠다. 작가의 시 "담배" 시리즈를 보면 사

랑. 열정. 미래를 향한 시인의 직관력과 통찰력 등으로 아주 일상적인 것들을 시상으로 그려냈고 영감을 얻어 내는데 성공적인 역할을 하였다고 보여진다. 현대를 살아가는 독자들과 영혼의 안식을 얻고자 끊임없이 노력해 나가는 작가의 "갈매기 숲 영혼" 과 더불어 작가는 비상할 준비와 예측할 수 없는 불안한 미래를 헤쳐나갈 준비가 되어 있는 시인이라는 평가를 받고 있다. 잔잔하고도 고요한 저녁바다를 보는 듯한 작가의 시는 삶에의 고단한 순간순간들을 향한 한편의 메시지를 전달하는 작품이기도 하다. 착하고 진취적이며 순수하게 살아가려는 인생화두를 놓고 안단티노 메조포르테 알레그로 의 은밀한 선율을 타는 듯 조심스럽게 작품마다 씨앗을 뿌리고 결실을 맺는 알곡들처럼 그 뿌리가 탄탄하고 서정적이다. 지나버린 과거와 수많은 사람들을 만나면서 터득한 인생 수업과 성찰을 통한 삶의 흔적들을 남기려는 작가의 의도대로 아련히 피어 오르는 물안개처럼 쓸쓸히 뿌리를 담고 서있는 갈잎의 노래를 닮았다. 함께하여 행복하였던 시간들, 이별 뒤에 찾아오는 덧없는 인생은 태어나고 다시 온 곳으로 되돌아가고 순간 순간 머릿속에 메모리되는 필름을 한컷 한컷 찍어내듯 예정에 없는 약속과 기약할 수 없는 만남의 날을 기다리며 아직 다가오지 않은 미래를 향하여 행복의 순간이 오리라는 것을 직감한 작가의 "눈 꽃핀 소망"은 노력에 의하여 결정체를 얻게 된 또 하나의 의미를 내포 하기도 한다.

    그가 추구하는 삶이 얼마나 참되고 열성적인지는 다음의 짧은 시 한편에서도 열열히 나타난다.

아름다운 영혼

거울속 / 내 모습은 허상
그런데/ 내 영혼은/ 거기 있었다
내가 생각하는 나는 / 내가 아니다
내 모습이 비춰진
나를보는/ 세상의 거울이 / 바로 나다
자아를 찾는 삶의 여정
아름다운 영혼을 쓰고 있는가
동무들은
거울을 들고 나를 보고 있는데…

    서울에서 130km를 달려가면 원주시 판부면 금대계곡에 작가의 시가 겸 별장이 있고 수려한 산새와 물소리, 맑은 공기와 찔레꽃이 화알짝 피어나는 아늑함 속에 "가람마을"이 있다. 소쩍새 마을이 이전함에 따라 주민들과 협의하여 평화롭게 모여사는 '한 울타리' 물과 계곡이 어우러진 '수양의 터전'이라는 뜻을 담아 가람마을로 바꾸고 지난 봄 원주 시장님과 의원님 및 여러 인사들을 모시고 가람마을 비 제막식을 가졌다. 작가의 필명이자 아호를 딴 가람마을은 맑은 계곡물, 야생화, 돌부리 하나마다 마을의 역사를 말해주는 듯하고 좌측으로는 해미산성이 있고 마을뒤의 치악산 남대봉 아래에는 고려 건국의 토대가 된 영원산성이 있다. 작가의 시가이자 별장은 "산너울"이라고 하는데 아담한 방이 5칸 30평 남짓한 별장이 자연과 더불어서 청아한 풀잎의 노래가 들리는 듯 하다. 거실에는 키 높이의 규화목 화석 두개가 보는 이로 하여금 숙연하게 만들고 문학 동호인 30명을 소화해 낼 만한 작가의 별장에는 음악이 흐르고 찻 주전자엔 물이 끓고 있었다.

 치악산에는 "꿩의 보은"이라는 전설이 있는데 이 전설의 무대가 신라 문무 왕 16년에 세워진 금대계곡의 영원사가 아닐까 추측 한다고 한다. 현재는 산 꼭대기에 있는 상원사의 전설로 되어 있는데 영원사 라는 절은 있다가 사라지고 또 상원사의 암자처럼 존속 하기를 수십 번,

그래서 큰 집 격이던 상원사의 전설로 내려 오지만 현재는 오래된 영원사의 대웅전이 새로 건축되고 산신각 및 요사채가 건축된 만큼 평의 보은 전설도 금대계곡의 영원사가 되찾아 와야 하는 게 아닌가 생각 한다고 한다.

"혼자된 시간의 자유"를 출간하며 대금 작곡자이며 연주가인 작가 이진숙의 작품과 지역적 여건과 특성들이 잘 어울려 빚어내는 작품들을 접하면서 깊은 산중 저 홀로 피어나는 바위 솔 꽃과도 같은 시어들의 메아리와 청아한 하늘빛 내면의 자아, 이제 불혹의 완성미 넘치는 작가의 시심은 삶의 고향을 찾은듯 치악산 계곡 맑은 폭포수와 함께 쏟아져 내린다. 마음을 정화하고 수양하는 차원에서 영혼의 안식을 위해 시도 쓰고 대금도 분다는 작가 "이진숙"은 정신적 풍요를 위한 일을 주로 하고 싶다고 했다. 가람마을 치악산의 암벽 위, 산 꼭대기 정상에 정좌를 하고 대금을 불고 있는 그의 모습은 현대를 살고 있는 독자들의 마음까지도 정화 시키게 하는 힘이 있지않나 생각한다.

    그가 대금을 불고 시를 쓰고 있지만 현실적으로는 업계에서 인정하는 첨단 산업의 리더 이다. 전자, 통신

관련 연구장비 사업을 하는 그는 우리나라 기술력으로는 만들기 힘든 첨단 연구개발 장비들을 선진국에서 도입하여 대기업 및 국영 연구소에 납품 하고 있으며 기술 습득, 국제 회의, 거래선 관리 등으로 일찍 해외에 눈을 떴고 국제 상식과 문화에도 해박하다.

인터뷰

어떤 사업을 하며 현재 어떤 일을 하고 있나요?

전자,통신관련 연구 개발 장비 사업을 합니다.
Scientific Atlanta, Motorola, Tektronix, GN Nettest 사의 장비를 취급 했으며 현재에도
Swatch group OSA, Empirix, Navtel, Sage 사의 제품을 대기업, 정부 연구소 및 통신 서비스 업체에 공급하고 있습니다.

통신 분야는 기술의 발전이 워낙 빠르기에 끊임없이 신 기술을 쫓아 탐구하고 마켓 트랜드를 읽어야 하며 기술지원 및 효율적인 장비 교육을 해야 합니다. 첨단 분야 라는게 따지고 보면 새로움을 향한 자신과의 싸움이며 도전이기에 쉬임없는 열정이 필요하며 우리나라 통신발전에 많은 기여를 했습니다.

첨단 장비와 시와는 거리가 먼데 시를 쓰게된 동기는 무엇인가요 그리고 대금은요?

극과 극은 통한다는 말이 있잖아요?

진정한 기술의 발전이란 편리함 외에도 인성을 풍요롭게 하며 행복을 추구해야 하는데, 사실, 기술이 발전 하면 할수록 인간미는 상실되고 삭막해 지며 감성과 서정 으로 부터는 점점 멀어집니다. 그래서 제 자신을 재 발견하고 각박한 세상에 조금이라도 정서적인 풍요를 전해 보자는 생각에서 다시 필을 잡았고 대금을 불기 시작 했습니다. 대금은 "대금소리 지음회"라는 동호회를 만들어서 대금을 좋아하는 사람들끼리 화합의장을 만들어 가고 있으며 매년 국립국악원에서 연주회를 하고 있습니다. 음악을 좋아하기에 학창 시절의 작곡 경험을 살려 대금 곡을 쓰기 시작했고 언젠간 좋은 곡들을 발췌하여 음반으로 발매 할 예정입니다. 요즘엔 시와 대금의 접목을 많이 시도하고 있는데 우리의 정서로 쓰여진 시에는 우리의 소리 대금이 참 잘 어울리거든요. 그래서 여러 시인협회 행사 때에는 초청 연주도 하고 시 낭송에는 백 뮤직으로 대금 반주를 하는 즐거움이 있으며 대금과 시가 어우러지는 선율은 아름다움 그 자체입니다.

향후 활동 및 삶의 목표랄까 희망사항은 무었인지요

시인은 시를 많이 써야죠

인간성 회복과 정신적 풍요를 위한 일들을 하고 싶습니다. 각박한 세상에 제 시들이 삶의 정서를 찾는데 조금이라도 도움이 되었으면 좋겠고요, 독자들이 마음에는 있으나 글로 표현하지 못하는 내면의 서정을 시로 쓰려고 합니다. 젊어서 부터의 생각이지만 나이가 이순을 넘기면 내가 아닌 남을 위하여 살고 싶습니다. 예로부터 한 평생 이라함은 환갑까지 사는 것입니다. 인생은 60부터의 새로운 삶은 의술 발달의 덤으로 사는 것 이기에 남을 위해 살겠다고 다짐을 한 바 있거든요. 여건이 허락한다면 개인적으로는 천문, 기상 분야에 작은 공헌을 하고 싶고요.

네.. 참 소박하면서도 의미있는 꿈을 가지셨네요.

시인 -가람- 이진숙은 그렇게 산다.
삶의 근간을 이루는 그의 시들을 접하면서 그의 시집 "혼자된 시간의 자유"를 찾는 독자들의 발길이 서점으로 이어지길 기도해 봅니다.

당신이 생각한 마음까지도 담아 내겠습니다!!

책은 특별한 사람만이 쓰고 만들어 내는 것이 아닙니다.
원하는 책을 기획에서 원고 작성, 편집은 물론,
표지 디자인까지 전문가의 손길을 거쳐
완벽하게 만들어 드립니다.
마음 가득 책 한 권 만드는 일이 꿈이었다면
그 꿈에 과감히 도전하십시오!

업무에 필요한 성공적인 비즈니스 뿐만 아니라 성공적인 사업을 하기 위한
자기계발, 동기부여, 자서전적인 책까지도 함께 기획하여 만들어 드립니다.
함께 길을 만들어 성공적인 삶을 한 걸음 앞당기십시오!

도서출판 모아북스에서는 책 만드는 일에 대한 고민을 해결해 드립니다!

모아북스에서 책을 만들면 아주 좋은 점이란?

1. 전국 서점과 인터넷 서점을 동시에 직거래하기 때문에 책이 출간 되자마자 온라인, 오프라인 상에 책이 동시에 배포되며 수십년 노하우를 지닌 전문적인 영업마케팅 담당자에 의해 판매부수가 늘고 책이 판매되는 만큼의 저자에게 인세를 지급해 드립니다.

2. 책을 만드는 전문 출판사로 한 권의 책을 만들어도 부끄럽지 않게 최선을 다하며 전국 서점에 베스트셀러, 스테디셀러로 꾸준히 자리하는 책이 많은 출판사로 널리 알려져 있으며, 분야별 전문적인 시스템을 갖추고 있기 때문에 원하는 시간에 원하는 책을 한치의 오차없이 만들어 드립니다.

**시집, 소설집, 수필집, 시화집, 경제·경영처세술
개인회고록, 사보, 카탈로그, 홍보자료에 필요한 모든 인쇄물**

www.moabooks.com

도서출판 **모아북스**
MOABOOKS

개미와 베짱이
아동학습지 전문출판

iroom
디자인|광고기획

411-817 경기도 고양시 일산구 백석동 1332-1 레이크하임 404호
대표전화_0505-6279-784 FAX_0502-7017-017